"杭州市滨江区档案编研丛书"编委会

主　编

冯建伟

副主编

徐俏俏　张　烨

编　委

楼渭球　来小钦

封面题字

俞少平

在滨江，一条河、一座桥、一口井、一幢房，往往就是历史老人，会告诉你千年传说、百年故事。

杭州市滨江区档案编研丛书

文物古迹大观

杭州市滨江区各级文物保护单位名录

来小钦　余林龙　编著

杭州市滨江区档案馆（局）
杭州市滨江区地方志办公室　主编

浙江文艺出版社

图书在版编目(CIP)数据

文物古迹大观：杭州市滨江区各级文物保护单位名录 / 来小钦, 余林龙编著；杭州市滨江区档案馆(局), 杭州市滨江区地方志办公室主编. — 杭州：浙江文艺出版社, 2018.7

(杭州市滨江区档案编研丛书)

ISBN 978-7-5339-5320-1

Ⅰ. ①文… Ⅱ. ①来… ②余… ③杭… ④杭… Ⅲ. ①文物保护–杭州–名录 Ⅳ. ①K872.551

中国版本图书馆 CIP 数据核字(2018)第 095067 号

文物古迹大观：
杭州市滨江区各级文物保护单位名录

来小钦　余林龙　编著

杭州市滨江区档案馆(局)
杭州市滨江区地方志办公室　主编

责任编辑　金荣良
封面设计　水　墨

出版发行　浙江文艺出版社
（杭州市体育场路 347 号）

邮　　编　310006
网　　址　www.zjwycbs.cn
经　　销　浙江省新华书店集团有限公司
印　　刷　杭州佳园彩色印刷有限公司
制　　版　浙江新华图文制作有限公司
开　　本　889 毫米×1194 毫米　1/16
印　　张　8
版　　次　2018 年 7 月第 1 版
　　　　　2018 年 7 月第 1 次印刷
书　　号　ISBN 978-7-5339-5320-1
定　　价　**88.00** 元

前　言

　　杭州市滨江区历史底蕴丰厚。2500 年前，范蠡在此筑固陵城，吴越在此争霸；1700 年前，浙东运河在此开通，隋唐运河、京杭大运河、浙东运河从此连在一起；1300 年前，这里是浙东唐诗之路的出发点，李白、杜甫、白居易以至宋代的王安石、苏东坡、陆游等文学名家来此观潮、怀古，题咏西陵，诗韵留芳；400 年前，这里走出了 45 位举人、27 位进士，从内阁大学士到知府、县令的 380 余位清官廉吏；80 年前，这里出了中共六大代表……直到今天，滨江区境内的西兴、长河老街，还基本保存着明清以来的街坊格局和不少有一两百年历史甚至年代更久的古建筑群。在滨江，一条河、一座桥、一口井、一幢房，往往就像一个历史老人，会告诉你千年的传说、百年的故事。

　　滨江区文物古迹众多，有三级以上文物保护单位 48 处，其中有世界遗产、国家级文物保护单位 1 处，省级文物保护单位 2 处，杭州市级 43 处。它们是先人留给滨江人民的宝贵财富，是滨江人民的根与魂。它们像一部部史书、一卷卷档案，凝聚着深厚而丰富的文化内涵，记录着乡邦的沧桑岁月。它们是历史与科学的载体，也是史诗与艺术的鲜活档案。习近平同志说过："档案工作是一项非常重要的工作，因为档案工作是一项基础性工作。通过档案工作，经验得以总结，规律得以认识，历史得以延续，各项事业得以发展，都离不开档案。"滨江区档案馆（局）、滨江区地方志办公室在全国第三次文物普查基础上，组织地方耆老和文物古迹热心爱好者，拍摄、收集、整理了全区三级以上文物保护单位的图片和文字资料，编辑了此书。希望通过此书，帮助人们进一步了解、欣赏滨江的文物古迹，让更多的人来关心、保护老祖宗留给我们的珍贵遗产。

全国重点文物保护单位

浙江省重点文物保护单位

杭州市文物保护单位

杭州市文物保护点

杭州市历史建筑

浙江省历史文化街区

其他文物古迹

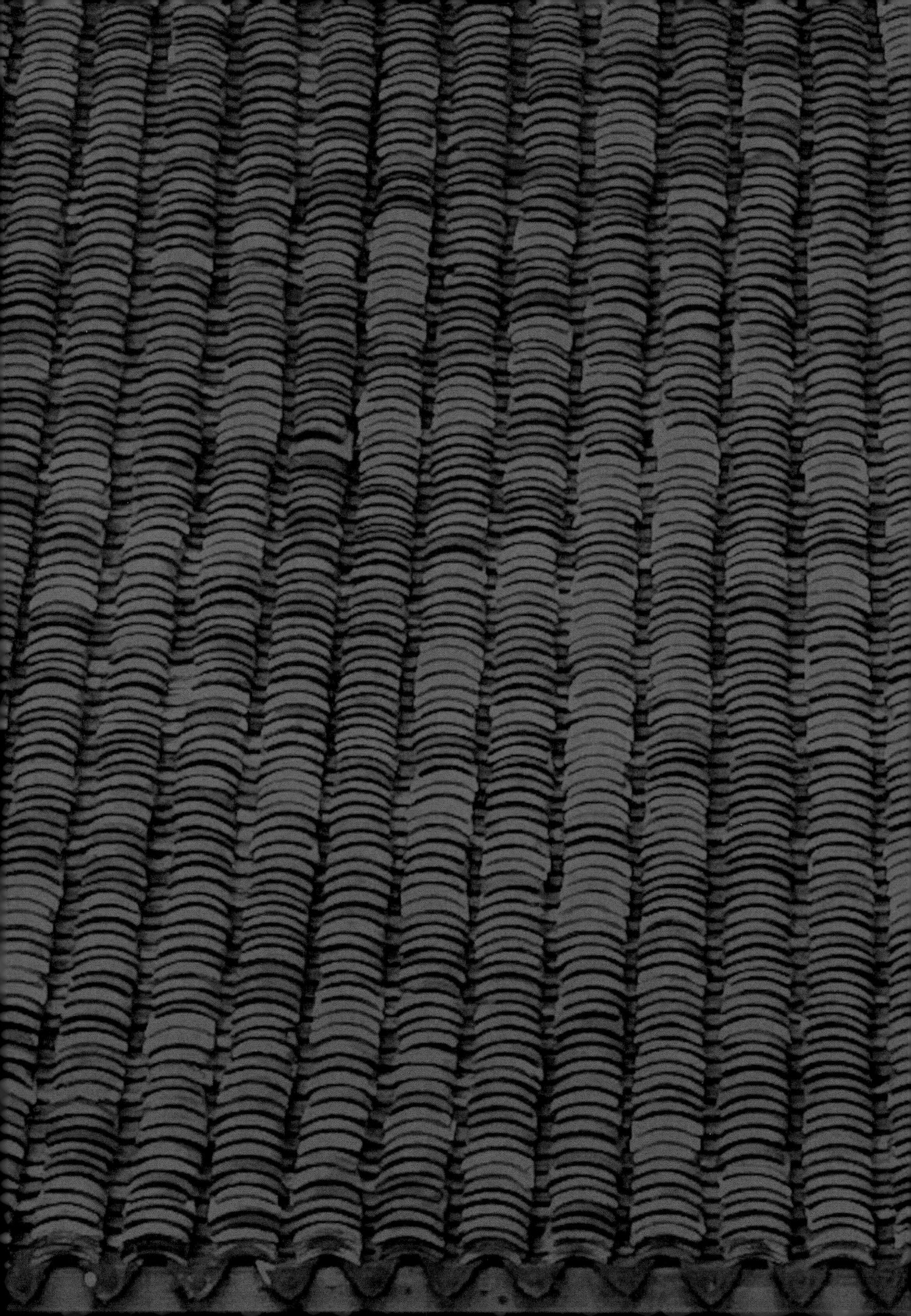

全国重点文物保护单位

二〇一三年三月，中华人民共和国国务院公布大运河西兴码头与过塘行建筑群（即大运河西兴过塘行码头）为第七批全国重点文物保护单位。

二〇一四年六月，在卡塔尔多哈召开的联合国教科文组织第三十八届世界遗产委员会会议审议通过，中国大运河被列入《世界遗产名录》，西兴码头与过塘行建筑群为大运河杭州段遗产点之一。

大运河西兴码头与过塘行建筑群

大运河西兴码头与过塘行建筑群，是滨江区境内唯一的世界遗产、全国重点文物保护单位。它位于西兴街道西陵社区浙东运河西端，是世界遗产大运河杭州段的重要遗产点。

遗产点含永兴闸，官河路 112 号建筑，官河路 105、106、107 号建筑，官河路 102、103、104 号建筑，俞任元过塘行，协亨祥过塘行，西兴街汪宅，沈渭全过塘行，官河共 9 处。

浙东运河徽标　　　　大运河徽标

	名　称	时　代	地　址	类　别	保护级别
京杭大运河西兴码头与过塘行建筑群	1 永兴闸	明	大城隍庙前	遗址	世界遗产,第七批全国重点文物保护单位(2013.3.5国发【2013】13号)
	2 官河路112号建筑	清末	官河路112号		
	3 官河路105、106、107号建筑	清末	官河路105、106、107号		
	4 官河路102、103、104号建筑	清末	官河路102、103、104号		
	5 俞任元过塘行	清末至民国时期	官河路96、97号		
	6 协亨祥过塘行	清末	官河路42号		
	7 西兴街汪宅	清末	西兴街148、150、152号		
	8 沈渭全过塘行	清末	西兴街98、100、102、104号		
京杭大运河河道（杭州段）	9 官河	西晋惠帝时期	杭州市	河道	

永兴闸

浙东运河开凿于西晋永康年间，由会稽内史贺循主持开凿，自绍兴向西经柯桥、钱清、萧山最后到西兴，全长约 50 千米，时称"西兴运河"。西晋以后，西兴由军事重镇向中转码头转变，成为服务于过江转运的商业市镇。南宋定都临安（杭州）后，因漕运与贸易的需要，大加疏浚，可通行 500 石大船，西兴成为浙东货物转运的重要集散地，也是沟通江海的必经之路。

永兴闸又称龙口闸，为浙东运河西起点，位于西兴官河路西，当年是连通浙东古运河和钱塘江的水闸。原为堰坝，明万历十五年（1587）改为闸，主要用于调节浙东运河的水位、改善水质。今遗迹犹存。

永兴闸遗存

永兴闸排水口

永兴闸遗址保护区

官河路 112 号建筑

　　112 号建筑原为富三房过塘行，位于浙东运河之头，南临官河路，北至古塘路。建于清末，砖木结构，两进三开间，为西兴街区传统的前店后宅式民居建筑。外墙风貌损坏较重，院内保存完整，石板铺地，整体风貌较好。

　　与 112 号紧挨的 110、111 号建筑原为钟大椿过塘行。

左为 112 号建筑，右为钟大椿过塘行旧址

官河路 105、106、107 号建筑

官河路 105、106、107 号建筑，建于清末，传统院落式建筑，南临浙东运河之头，前店后宅传统木结构民居，旧为过塘行。共两进，一进为店，二进为宅，店与后宅间仅有一小弄相隔。主楼两层三开间，小青瓦屋面，两侧屏风山墙。

105 号建筑南临官河

106、107 号建筑西侧面向中弄

105、106、107 号建筑鸟瞰

官河路 102、103、104 号建筑

　　102、103、104 号建筑原为过塘行，紧靠永兴闸，前后三进三开间，老屋依地势而建，由南向北逐级抬升。前为商铺，后为正房，二进门楼上还残留着"维新旧业"的砖雕痕迹，隔扇门采用透雕花棂格心，并雕有精美的历史故事浮雕。

　　该建筑东侧为西兴过塘行码头专题陈列馆。

西兴过塘行码头专题陈列馆主入口

中为 102、103、104 号建筑

俞任元过塘行

　　俞任元过塘行位于官河路 96、97 号，南临官河，北至古塘路。始建于清末，为前店后宅传统院落式木结构民居建筑。沿官河路立面中西风格，三个窗户均有西式窗套，券楣上凸雕花草图案，传统建筑融入民国风格，为西兴老街独有特色。

西式窗套

97 号入户门

俞任元过塘行的中西风格外立面（右为 96 号主入口）

协亨祥过塘行（叶汉祥过塘行）

该建筑位于官河路 42 号，仓桥北侧，建于清末，传统木构合院式建筑。院墙主入口为中式石库墙门，上有狮头状门环，门罩上还有彩绘和简洁的石雕。主体建筑三开间两层，青瓦白墙，屏风山墙，厨房内有西兴地区独一无二的大型灶台和亦内亦外的水缸。为西兴规模最大的过塘行之一。

石库门主入口

二进院落

协亨祥过塘行鸟瞰

西兴街汪宅

汪宅位于西兴老街 148、150、152 号，建于清末，南临西兴老街，北至官河，为院落式木结构民居，共两进。主入口为中式石库门，天井以青石板铺地，后院有河埠。主体建筑两层三开间，双坡青瓦屋面，山墙马头，落地隔扇，二楼还有古老的内移木窗。为典型的前店后宅、临河式建筑，整体格局较完整。

主入口

内　院

临街外立面

沈渭全过塘行

位于西兴老街 98、100、102、104 号，南临西兴老街，北至官河，西靠西兴路。建于清末，为前店后宅传统院落式建筑，建筑面积 400 余平方米。砖木结构，两进三开间，建筑格局完整。内部保存着雕刻精美的构件和门窗。屋后河坎有青石叠砌的条形泊船平台，河埠台阶直入河中，河埠保存完整。其临河特征为近代河埠商业建筑的缩影。

临街全貌

河埠头

官 河——浙东运河之头

　　官河是浙东运河的源头，又是京杭大运河连接浙东地区的重要河道。因起于西兴，故称西兴运河；又因是浙东地区重要水上通道，又称浙东运河，古时称漕渠、官河。西兴境内长960米。

　　官河南临西兴老街，北为绍兴至西兴古纤道，时称"官塘"，今为官河路。官河两岸有铁岭（陵）关遗址、大城隍庙遗址、六朝牛棣遗址和仓桥、屋子桥、西兴驿、古资福桥等遗存。

浙东运河之头全貌

官河岸边

穿镇而过的浙东运河（官河）

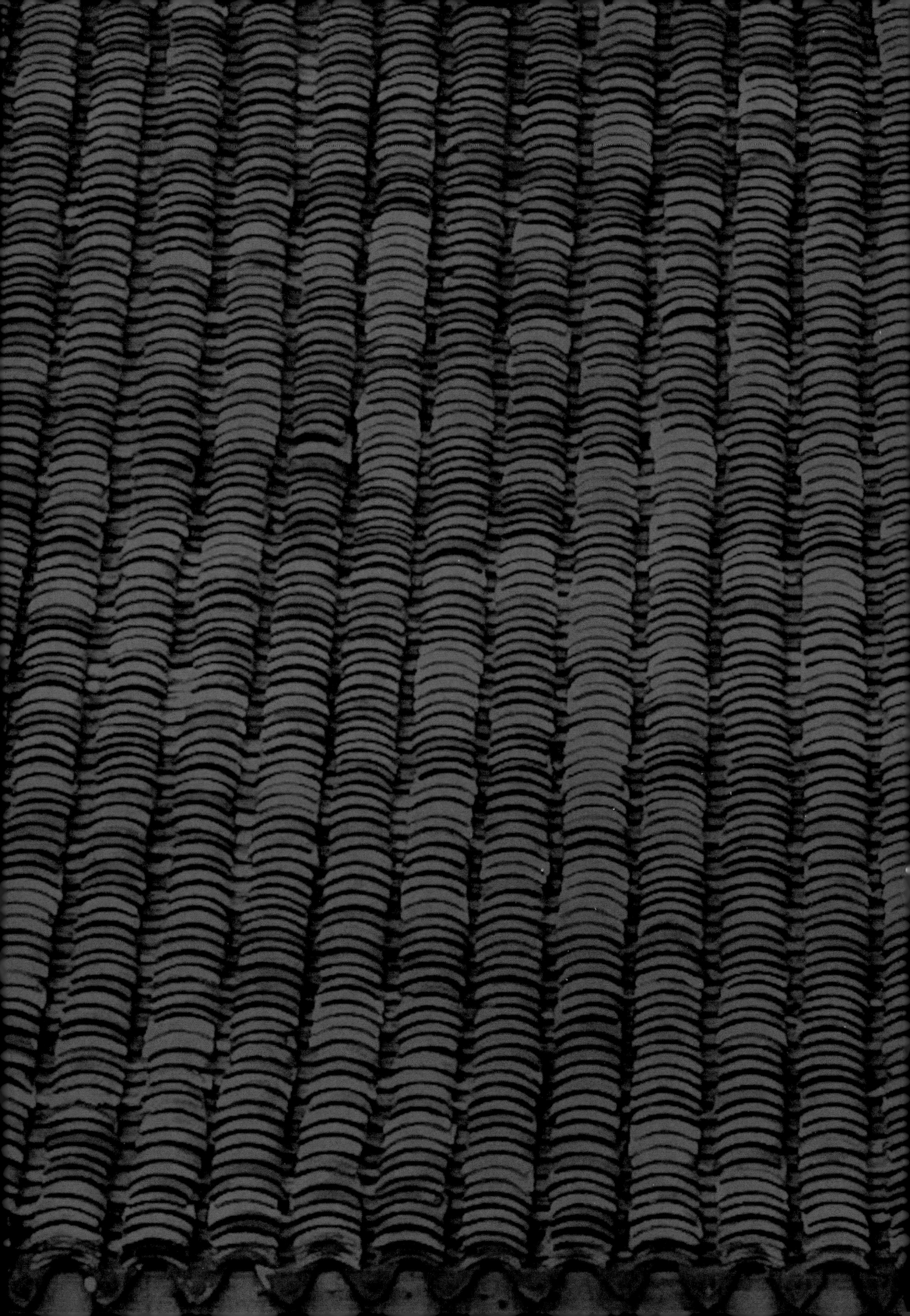

浙江省重点文物保护单位

滨江区境内省级重点文物保护单位有两处：越王城遗址和萧绍海塘（杭州段）。越王城遗址于一九八九年十二月由浙江省人民政府公布为第三批省级文物保护单位；萧绍海塘（杭州段）于二○一七年一月由浙江省人民政府公布为第七批省级文物保护单位。

越王城遗址

　　越王城遗址，位于萧山区城厢镇湘湖村的越王城山山巅上。越王城山海拔140米，南坡属萧山区，北坡属滨江区长河街道。山上有2500年前越王勾践所筑的拒吴城堡，人称越王城。明嘉靖《萧山县志》载："其山中卑四高，宛如城堞。吴伐越，次查浦。勾践保此拒吴，名越王城，又名越王台。"城垣依山脊而建，周长1091米，面积约3.6万平方米，由泥土夯筑而成，内缓外陡，四角高隆。在城垣中多次发现印纹硬陶、原始青瓷和夹砂陶片等文物，均为春秋末期至战国时期的文化遗存。自1991年起，萧山市对其进行局部试掘，曾陆续出土过战国大板瓦、筒瓦、杉树纹瓦当等文物。1989年12月，越王城遗址被浙江省人民政府公布为省级文物保护单位。

　　越王城遗址属萧山区，其保护区范围部分在滨江区境内。

越王城山之巅

越王祠内景

越王祠

萧绍海塘（杭州段）

钱塘江南岸海塘以曹娥江口为界，左岸为萧绍海塘，唐代称为防海塘。明清时期根据所处位置，自西而东分称西江塘、北海塘、后海塘、东江塘。

萧绍海塘在萧山区、滨江区境内称北海塘和西江塘，全长72.69千米。滨江区境内段东起风情大道，沿古塘路（原北海塘）向西南延伸，经长河街道，止于浦沿半爿山，全长10千米。初为土塘，秦以前就有，明代后，逐渐改用块石镶砌。是历史上保护萧绍平原免遭钱塘江、浦阳江、富春江水患的重要水利工程，人称"江南长城"。

2004年7月，萧绍海塘（杭州段）被杭州市园林文物局公布为杭州市第二批文物保护点；2017年1月，被浙江省人民政府公布为第七批省级文物保护单位。

萧绍海塘之北海塘遗址（古塘路）

西江塘临江大堤

浦沿境内的西江塘部分塘基

古塘路下的北海塘塘基

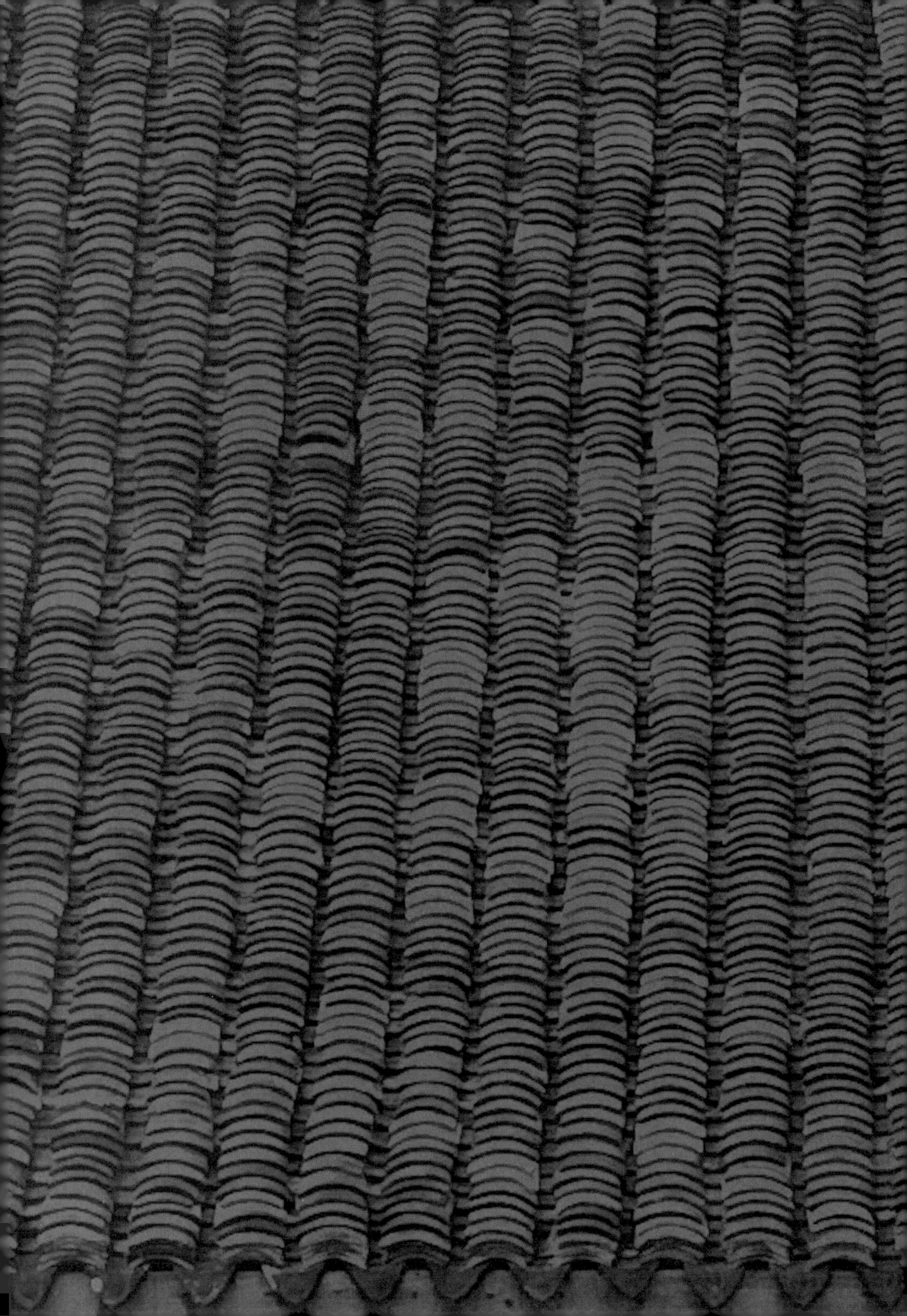

杭州市文物保护单位

滨江区境内有杭州市文物保护单位两处，分别为西兴街道的占资福桥和长河街道冠山摩崖题刻，由杭州市园林文物局于二〇一三年十二月公布。

古资福桥

　　古资福桥在西兴街道原日船埠头处，横跨御河（后河）。因桥东原有千年古刹资福寺而得名。始建年代不详，重建于清乾隆十八年（1753）九月。为单孔石拱桥，由9块拱券石分节并列砌成，护栏完整，中部拱券上镌有"古资福桥"四字。望柱为少见的莲子状。南侧桥壁嵌有"捐助修桥题名之碑"。

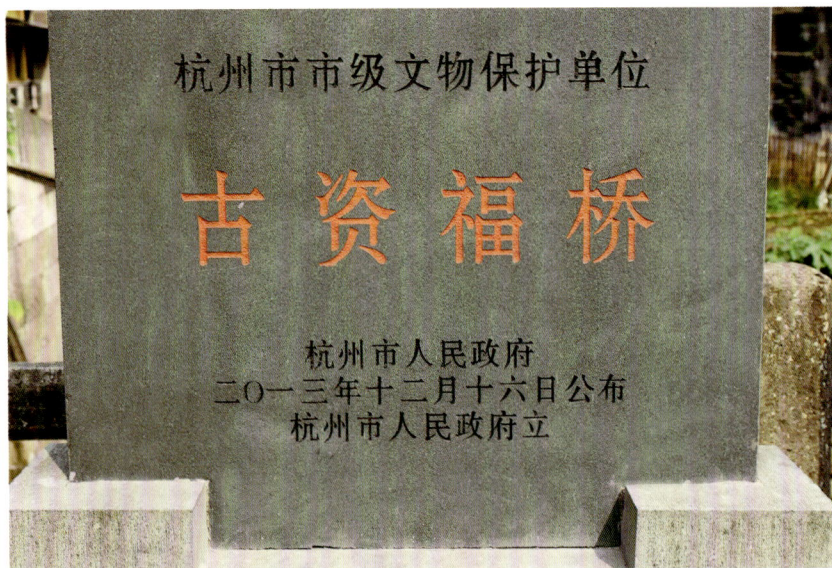

桥面及护栏

古资福桥全貌

冠山摩崖题刻

　　冠山摩崖题刻在冠山寺地藏殿西面的岩壁上，清可泉周围，共有7处：洗心池、对弈、行乐图、清可、洞天一品、鹅（字）、五律诗（一首）。泉壁刻"清可"二字，泉左上方悬崖刻有"鹅"字，仿王羲之草书。下设一石桌、二石凳，石桌上刻棋盘，可供弈棋，旁刻"对弈"二字。近旁刻"洞天一品"及"行乐图"一幅，行乐图落款为宣统庚戌年（1910）。泉右方悬崖刻有"绿痕"题的五言律诗一首，诗云："仙山饶乐趣，古洞本天然。百尺崔嵬石，一泓清可泉。鹅题逸少字，龙吐汝阳涎。弈罢寻三老，洗心欲问禅。"今诗碑从悬崖石壁脱落，置于泉旁，已断裂破损。

　　题刻律诗用篆书，"鹅"字为草书，其余均系隶书。

"绿痕"五言律诗

对　弈

洞天一品

洗心池

鹅

清　可

行乐图

冠山寺全景

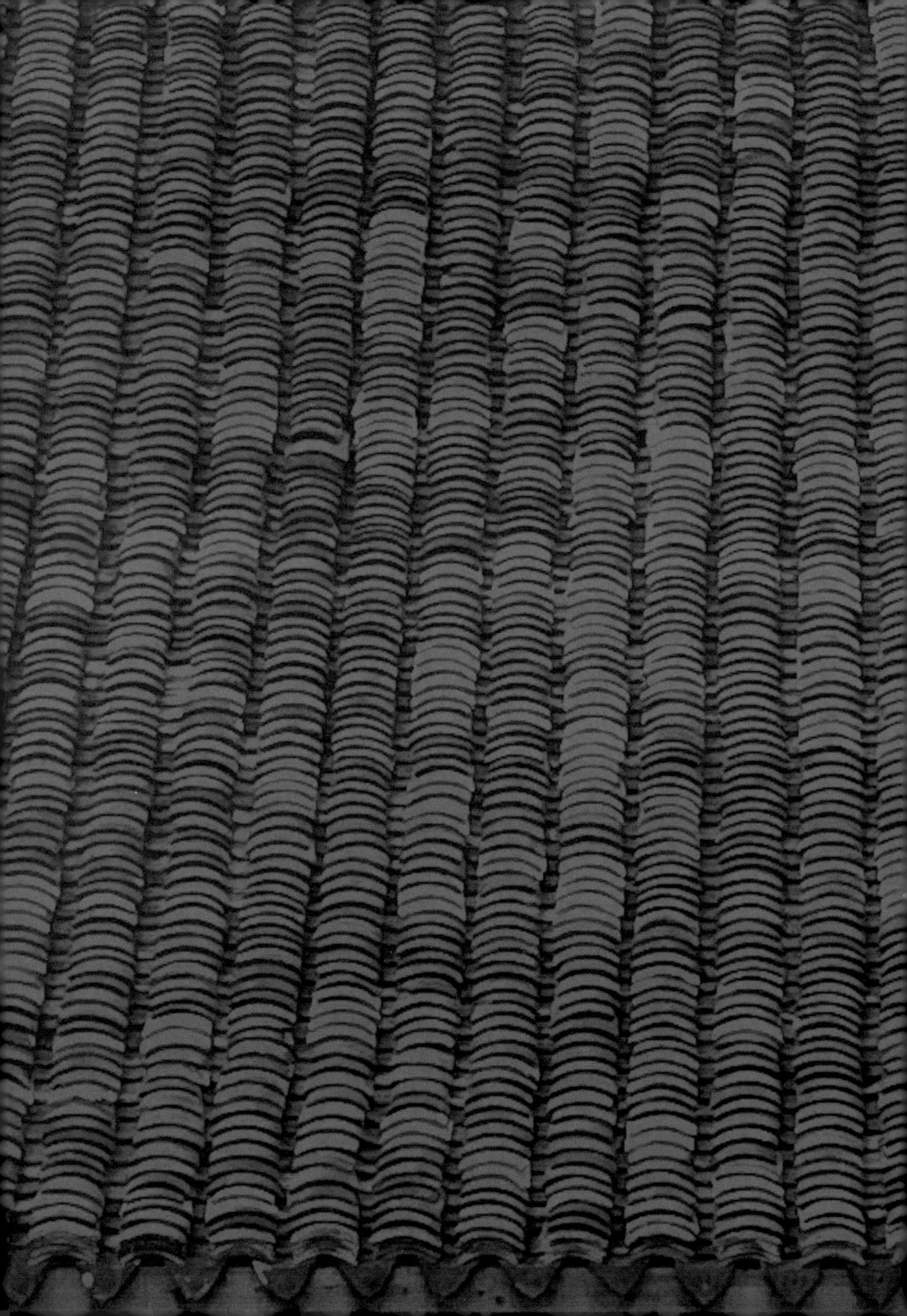

杭州市文物保护点

滨江区内的杭州市文物保护点共有六处，分别为西兴老街的屋子桥、长河街道的莫竹山桥、长河农民协会旧址、马弄山遗址、城山墓群、茅山遗址。二〇一三年九月由杭州市园林文物局公布。

荚竹山桥

　　竹山桥，古称荚竹山桥，在长河街道山一社区的竹山河（今小砾山输水河）上，为平铺三孔石桥。桥面由三组石板组成，每组为两块石板。两边两组石板较短，中间一组较长。桥墩上嵌有两块碑铭，镌刻着"明嘉靖甲子（1564）建"和"清道光庚子（1840）重修"字样。桥南有一凉亭，现已改为竹山庙。

　　据1935年《萧山县志稿》载：此桥为明代来弘辉创，其孙来士建重修，当时"悬灯以示滨海之夜渡者"，故"远近咸颂其功"。

荚竹山桥（一）

竹山河(小砾山输水河)

英竹山桥(二)

屋子桥

屋子桥，南北向横跨官河，连接西兴老街与官河路。

清康熙《萧山县志》卷十二载："又西半里曰屋子桥，板桥，桥上建屋。康熙年间重建石桥。"乾隆《萧山县志》均有相似记载。可见屋子桥原为梁式桥，桥上建屋，因而得名。现拱桥为康熙年间（1662—1722）重建。

此桥为马蹄形单孔石拱桥。拱券采用纵联分节并列式砌置法，用横条石分隔成七节，每节七块拱板并列对缝砌置，拱顶刻"屋子桥"字样。桥面为石板斜坡，两侧围条石护栏。现拱券内采用钢结构支撑加固。

桥面及石板护栏

屋子桥风貌

长河农民协会旧址

　　旧址位于长河街道天官社区，在长河泽街（直街）西面。1927年2月，中共地下党员来宝坤在长河财神桥侧开设"坤记理发店"，作为中共长河地区地下联络站，并在汤家桥建立村农民协会，后又成立萧山县西乡农民协会，组织农民武装暴动、游行示威，开展"二五减租"等运动。1928年遭到国民党地方政府残酷镇压，党组织遭受破坏，来宝坤被迫转移到杭州，长河农民运动转入低潮。

　　旧址包括来宝坤旧居、坤记理发店、朱天庙、法华禅院、新塘庵等。

长河农民协会旧址

来宝坤故居

　　位于长河街道直街财神桥头西侧约10米处，1927年来宝坤携妻儿居住于此。此处也是中共长河地区地下党组织的联络站。旧居坐西朝东，砖木结构，为三间一披的厢房，面阔三间，明间较阔，次间较窄，披屋更窄。

故居内院

朱天庙

朱天庙

位于长河街道山一社区石荡下。1927 年，这里是长河地区农民协会的活动地点之一。坐北朝南，砖木结构，硬山顶。始建于清代，1915 年重建。修缮后改名为善慧寺。

法华禅院

法华禅院

位于浦沿街道山二社区癫头山上，又名法华阐庵。1927 年为长河农民协会和中共长河地下党活动场所。

新塘庵

新塘庵

位于长河街道傅家岭社区蟒蛇山北端，1927 年为来宝坤领导的长河农民协会的活动地点。

马弄山遗址鸟瞰

马弄山遗址

马弄山东周时期遗址，位于长河街道塘子堰社区马弄山北侧，平面为西南—东北向的椭圆形，呈三级台地分布。1991 年 1 月，出土了丰富的带有回纹、米字纹、方格纹、曲折纹等纹饰的印纹硬陶片及夹砂红陶片、泥质灰陶片等具有鲜明时代特征的遗物。这是一处保存较为完整的典型的东周时期越文化遗址。

马弄山遗址出土的文物
（图片来源：浙江文物网）

城山墓群（塘子堰遗址）

城山墓群为东周时期遗址，位于城山西峰西坡，长河街道塘子堰社区境内。由于受自然与人为因素影响，该遗址破坏严重，无法找到确切的文化层堆积，只在地表采集到大量带有菱形纹、网格纹、回纹、米字纹、曲折纹、米筛纹等各种纹饰的印纹硬陶片。

城山东周时期土墩石室墓群，密集地分布在城山西峰通往主峰的山梁上，该墓群位于越王城遗址附近。

上图围墙周边为当时文物出土处

城山西峰的土墩石室墓群遗址鸟瞰

茅山遗址

茅山遗址为新石器时代遗址，位于长河街道汤家桥社区高山田村北侧。该遗址曾出土了夹砂红陶片、鱼鳍形鼎足、圆柱形鼎足等良渚文化遗物，具有鲜明的时代特征。

今日茅山

茅山遗址出土文物
（图片来源：浙江文物网）

茅山遗址现貌

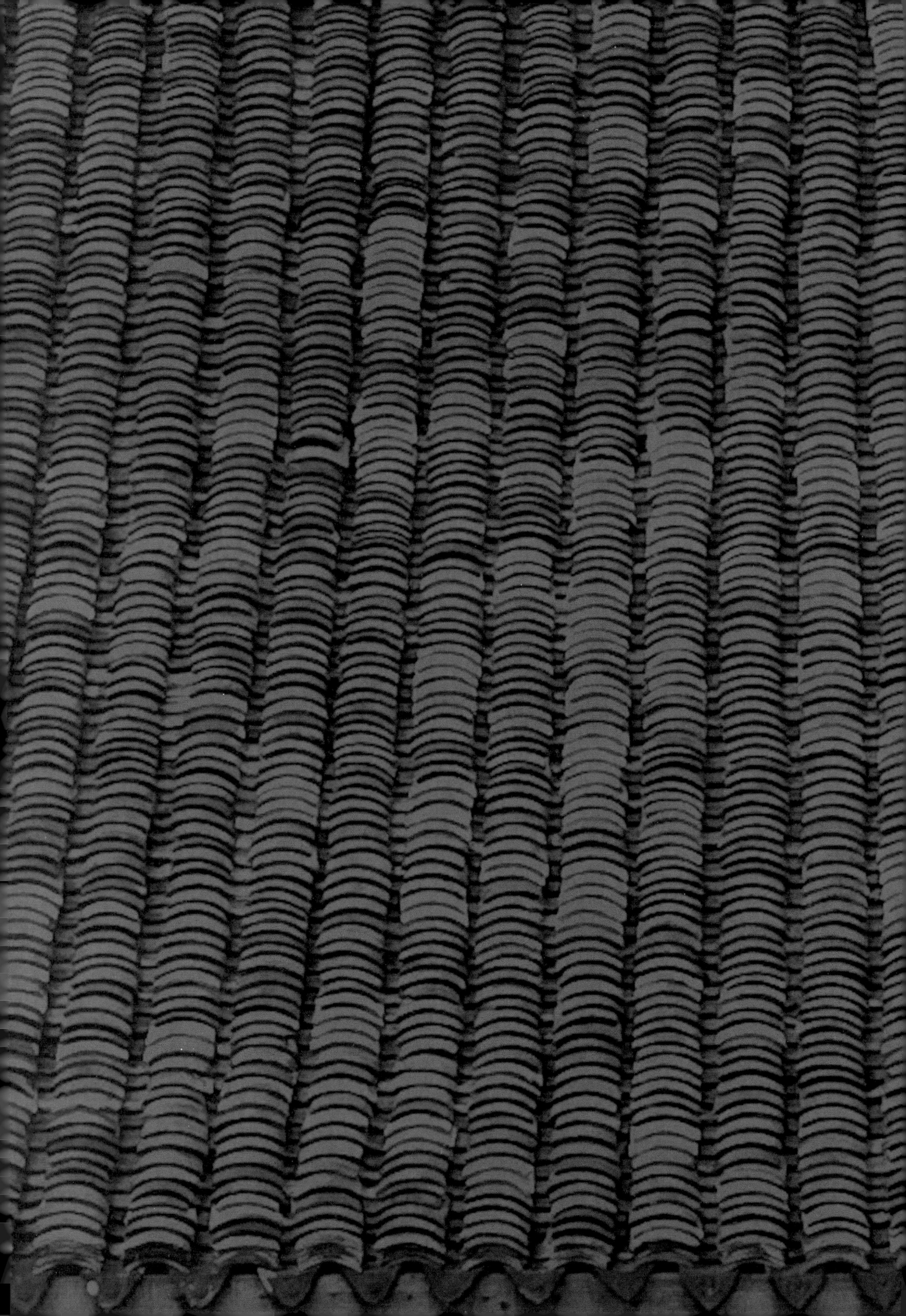

杭州市历史建筑

截至二〇一七年，由杭州市人民政府公布的历史建筑保护名单共有六批次，其中滨江区境内列入各批次保护名单的历史建筑计有四十二处，主要分布于西兴老街、西兴街道襄七房社区、长河老街、长河河斗里、长河下庄里等地。

第一批：长河双庙一处。

第二批：西兴街於宅，西兴街一百七十五、一百八十三号建筑，长河永锡墙门，慎友堂（荷花池头）等十三处。

第四批：西兴街盛宅、长河光裕堂小厅、小桥弄地方银行等十六处。

第五批：西兴襄七房社区四十号建筑、长河下庄里建（构）筑物群等十一处。

第六批：长河章家里章氏『树德堂祠堂』一处。

西兴老街历史建筑鸟瞰

	名　称	时　代	地　址	类　别	保护级别（批次）
1	西兴街 175、183 号建筑	民国	西兴街 175、183 号	近代建筑	历史建筑 LSJZ3-57
2	西兴街於宅	清	西兴街 347、347-1、347-2 号	古建筑	历史建筑 LSJZ3-58
3	西兴街杨宅	清	西兴街 360、362 号	古建筑	历史建筑 LSJZ3-59
4	西兴街孙宅	清	西兴街 368 号	古建筑	历史建筑 LSJZ3-60
5	西兴街盛宅	清	西兴街 281、283、283-1 号	古建筑	历史建筑 LSJZ4-33

西兴街 175、183 号建筑

建于民国，砖木结构，东西向两进，中为天井，绿化满园。正房两层三开间，有廊有披，斜撑有雕饰，做工简洁。两层建筑木窗栅保存完整。主入口上书"瑞气呈祥"四字，两幢建筑外墙都采用粉刷彩画的手法，局部保存较好。西幢现无人居住，东幢住着俞家传人。现为杭州市历史建筑，编号（LSJZ3-57）。

主入口

院落一角

西兴街於宅

此宅为清代建筑，位于西兴老街347、347-1、347-2号，具有"前店后宅"的特色。沿西兴街的"店"仅一个开间，内侧的"宅"为典型的四合院，店与宅之间通过店西侧的过街通道、庭院相连。整幢建筑为砖木结构，二进五开间，有东西厢房，石板庭院；建筑的门窗、牛腿上的木雕等做工精细；大厅的大门装有铜门环、院墙大门上装有铁门环，大厅里目前还保存拼花香火堂。现为杭州市历史建筑，编号（LSJZ3-58）。

马头山墙

三门一线

院落局部

西兴街杨宅

杨宅位于西兴街360、362号，南临西兴街，北通官河路。两进三开间四合院式封闭院落，为清代末期砖木结构建筑。前院与后院两进之间隔一道砖墙。墙基、石门框、地面均以石板铺砌。南门为正门，规模较大，门对老街；北门是两扇大木门，门上还保存着原来的门斗。屋内有四扇木门，门上有精致的浮雕，雕刻渔、樵、耕、读等历史故事，人物姿态、动作栩栩如生。月梁与牛腿上的雕刻也极其精美，极富观赏性。后门外侧立"泰山石敢当"石碑。现为杭州市历史建筑，编号（LSJZ3-59）。

砖雕门台，刻有"泰山石敢当"

屋后临大城隍庙遗址

石壁削墙

西兴街孙宅

原为孙太（泰）和过塘行，以过茶叶和烟叶为主，位于西兴街368号。南临西兴街，北至官河路，为清代砖木结构，两进三开间四合院式建筑，具有"前店后宅"的典型特色。

整个院落分前后两部分，一进临西兴街为商店，二进为完整的居住空间。前店与后院间有一道砖墙分隔，门额上有"云蒸霞蔚"四字。建筑精致，牛腿、门窗、月梁等纹有木雕。门楼镶嵌砖雕。现为杭州市历史建筑，编号（LSJZ3-60）。

台门砖雕

宅后接官河路

台 门

西兴街盛宅

　　位于西兴街281、283、283-1号，古庄亭西南，为清代末期传统木结构合院式民居建筑，二进院落，五开间两层，小青瓦双坡屋面，有廊有披，雕刻栩栩如生。院落完整，石板铺地，石库门楣上还留有"玉树增辉"四字。历为盛家祖屋，盛家民国时期鼎盛，名闻西兴坊间。现为杭州市历史建筑，编号（LSJZ4-33）。

入口处

西兴街道襄七房社区历史建筑群鸟瞰

	名　称	时　代	地　址	类　别	保护级别（批次）
1	襄七房 40 号建筑群	清	襄七房 40 号	古建筑	历史建筑 LSJZ5–30
2	襄七房 72、73、74 号建筑（文慧堂）	清	襄七房 72、73、74 号	古建筑	历史建筑 LSJZ5–32
3	襄七房粮站建筑群	清	襄七房 225 号	古建筑	历史建筑 LSJZ5–33
4	襄七房 109、111、113 号建筑群（翰林第）	清	襄七房 109、111、113 号	古建筑	历史建筑 LSJZ5–34
5	襄七房 158、159 号建筑群	清	襄七房 158、159 号	古建筑	历史建筑 LSJZ5–35

西山墙外立面

襄七房 40 号建筑

　　建于清代晚期，木结构传统民居建筑。房屋已经过修缮，较好地恢复了原有的风貌特色。建筑共由两进院落组成，小青瓦屋顶，中式石库墙门，粉墙黛瓦，两侧有高大的封火山墙。二进院落间有一座砖雕门楼，花饰精美，上有"永思修慎"四字。院落、廊檐均为青石板铺地。修缮后，原有的花格木门窗、木楼板和木楼梯都得到了恢复。现为杭州市历史建筑，编号（LSJZ5-30）。

鸟　瞰

襄七房 72、73、74 号建筑群

当地人称"文慧堂"。位于西兴街道襄七房社区中部，始建于清代。"文慧堂"这一称谓由来已久，但具体来历不明。

文慧堂建筑共两进，沿一条东西向轴线而建。 第一进坐西朝东，两层木构，屋顶硬山造，覆小青瓦，脊端起翘，面阔九间。西立面外墙下肩施石壁削墙，整个院落的主入口为骑楼式门楼，两侧有砖雕和柱础。第一进东檐带南、北厢楼，面阔十间，两层木构。第二进建筑坐东朝西，平面矩形，面阔三间，进深四间。总体布局基本保存，主体建筑尚完整，具有鲜明的地域特征，现为杭州市历史建筑，编号（LSJZ5-32）。

骑楼式门楼

建筑群布局

襄七房粮站建筑群

位于西兴街道襄七房 225 号，在小河西侧，建于清代晚期，为传统民居建筑群。该处房屋原由多进院落组成，现仅存一进院落，建筑平面呈 L 形，院落面积较大。外墙粉白，条石基座带有石雕镂花窗。檐廊处青石板铺地，檐下雕刻精细。院内建筑均为两层青瓦屋顶楼屋，保留着原有的木楼板和木楼梯。该建筑群原为大户人家所建的宅邸，中华人民共和国成立后曾作粮站使用。现为杭州市历史建筑，编号（LSJZ5-33）。

大门被树木遮住

石雕镂花窗

L 形院落

襄七房 109、111、113 号建筑群

院内建筑部分坍塌

人称"翰林第"，位于西兴街道襄七房社区中部，小河东侧，始建于清代。

道光二十七年（1847），襄七房后生来煦高中进士，入翰林院为庶吉士，故有此名。翰林第沿南北向轴线共分三进。第一进坐南朝北，两层木构，屋顶硬山造，覆小青瓦，脊端起翘，面阔九间，南立面外墙下肩，有三块横石板拼接的"石壁削墙"，上部横石板上透雕花、草、鹿、鸟，朴实生动。第二进建筑坐北朝南，面阔三间，进深四间。第三进建筑坐北朝南，面阔三间。总体布局完整，主体建筑基本保存，具有鲜明的地域特征，现为杭州市历史建筑。编号（LSJZ5-34）。

翰林第鸟瞰

襄七房 158、159 号建筑群

　　建于清代中晚期，为传统民居建筑群。青砖空斗外墙，现存两进。158 号为一进院落，三合院布局，中式石库墙门，院内石板铺地，檐廊下雕刻精美。院内为两层木结构楼屋，青瓦屋顶，花格木窗，木楼梯和木地板保存完好。159 号内有一进院落，平面呈方形，院内房屋已改造，仅保留了入口的砖雕门楼。现为杭州市历史建筑，编号（LSJZ5-35）。

襄七房 159 号砖雕门楼

建筑群鸟瞰

左侧为158号建筑，右侧为159号建筑

长河历史街区历史建筑一览

编号	名　称	时代	地址	类　别	保护级别（批次）
1	双庙	清	双庙前38号	古建筑	历史建筑 LSJZ1-36
2	永锡墙门	清	大夫第3号	古建筑	历史建筑 LSJZ3-63
3	慎友堂（荷花池头）	清	荷花池头1、2号	古建筑	历史建筑 LSJZ3-64
4	山下里10号建筑	清	山下里10号	古建筑	历史建筑 LSJZ3-65
5	周二墙门	清	山下里21号	古建筑	历史建筑 LSJZ3-66
6	中宪第之一	清	天官第4号	古建筑	历史建筑 LSJZ3-67
7	居之安	清	月湾潭19、20号	古建筑	历史建筑 LSJZ3-68
8	大夫第5号建筑	清	大夫第5号	古建筑	历史建筑 LSJZ4-38
9	山下里17、22、24、29号建筑	清	山下里17、22、24、29号	古建筑	历史建筑 LSJZ4-39
10	光裕堂小厅	清	光裕堂13至18号	古建筑	历史建筑 LSJZ4-40
11	小桥弄地方银行	清	小桥弄1号	古建筑	历史建筑 LSJZ4-41
12	小桥弄4号建筑	清	小桥弄4号	古建筑	历史建筑 LSJZ4-42
13	中宪第之四	明末清初	天官第12号	古建筑	历史建筑 LSJZ4-43
14	水沟沿78号建筑	清	水沟沿78号	古建筑	历史建筑 LSJZ4-44
15	源泰墙门	清	长杆池弄6、7号	古建筑	历史建筑 LSJZ4-45
16	月湾潭12号民居建筑	清	月湾潭12号	古建筑	历史建筑 LSJZ4-46
17	师工墙门	清	天官第1号	古建筑	历史建筑 LSJZ4-47
18	来小钦故居（中宪第之二）	清	天官第2、3号	古建筑	历史建筑 LSJZ4-48
19	山下里67号建筑	清	山下里67号	古建筑	历史建筑 LSJZ5-31
20	下庄里建（构）筑物群	清	下庄里	古建筑	历史建筑 LSJZ5-36
21	河斗里18号建筑群	清	河斗里18号	古建筑	历史建筑 LSJZ5-37
22	河斗里9、10号建筑群	清	河斗里9、10号	古建筑	历史建筑 LSJZ5-38
23	双庙前23号建筑群	清	双庙前23号	古建筑	历史建筑 LSJZ5-39
24	章家里40号建筑群	清	章家里40号	古建筑	历史建筑 LSJZ5-40
25	章家里"树德堂"祠堂	清	章家里	古建筑	历史建筑 LSJZ6-48

注：本表根据杭州市人民政府公布的历史建筑保护名单编制。据笔者考证，永锡墙门、中宪第之一、光裕堂始建于明代。

长河老街历史建筑鸟瞰

双 庙

位于长二社区双庙前。曾为长河张家与孔家合建的祠堂，故称"双庙"。二进三开间建筑，第一进重建于清光绪年间，石材柱子。第二进为木结构，建于清乾隆十七年，雀替门窗有精美雕刻。建筑破损严重。现已经过重修，庙内建筑保存较好。祀奉张老相公。张老相公即张夏，北宋景祐年间（1034—1038）受命改筑浙江海塘，由土塘、石篓塘改筑为石塘，两岸百姓免受塌堤之灾。张夏死于护塘工地，死后被追封为宁江侯、护堤侯、静安公等。民间称"张老相公"，尊为水神，立祠纪念。为杭州市第一批历史建筑，编号（LSJZ1-36）。

双庙大门

整体布局

永锡墙门

　　位于长河街道天官社区大夫第3号，又称慎俭堂，为长河"九厅十三堂"之一，当地称永锡墙门。始建于明代。三合院式建筑，院落完整，建筑宏敞，雕饰精美。主入口设于西院墙正中，石库门内侧筑有门檐，檐下门额题有"谨言慎行"四字。为明末崇祯间太常寺少卿来集之所建。

　　主楼坐东朝西，两层五开间两弄，砖木结构，屋顶硬山造，覆小青瓦，脊端起翘。封火墙高大，三层叠出，古朴宏伟。正房面阔五间，一层西檐作船篷轩廊，轩廊梁架雕饰繁复而精致。主楼西部南、北两侧各筑侧楼房，均为两层木构，屋顶硬山造，覆小青瓦，脊端起翘，平面矩形，面阔三间。院中石板墁地，布局完整，雕饰精美，为原萧山地区典型的传统合院式民居，地域特征明显。现为杭州市历史建筑，编号（LSJZ3-63）。

宏敞的主楼

封火墙

门额题词

船篷轩廊

慎友堂（荷花池头）

位于长河街道天官社区南部的荷花池头1、2号，建于清代，砖木结构，建筑面积912平方米。两进院落，北面墙体有钱币形状镂花窗。正房两层五开间，左厢房亦两层五开间，右厢房已毁。主楼和辅房与院墙相连，将小院围合，称"屋院相套"。主楼坐西朝东，院门设于东辅房院墙正中，砖雕门楼，门额上题有"作德日休"四字。正房有廊有披，月梁上纹雕刻，墙基为石板，墙上有石雕、砖雕窗。

主楼侧有东、北两辅房。东辅房坐东朝西，两层木构，屋顶硬山造，覆小青瓦；一层西檐以鹤颈形撑栱支撑。北辅房坐北朝南，两层木构，屋顶硬山造，覆小青瓦，脊端起翘，面阔六间，一层南檐为通廊。外墙下肩为石壁削墙。整体布局灵活，地域特征明显，是长河乃至萧山地区大型宅第的典型代表，现为杭州市历史建筑，编号（LSJZ3-64）。

建筑整体格局

慎友堂外景

慎友堂封火墙

砖雕门楼上刻有"其旋元吉"字样

二进砖雕门楼上刻有"作德日休"字样

西侧砖雕门楼上刻有"自求多福"字样

位于建筑群后的荷花池头

山下里 10 号建筑

　　位于长河街道天官社区山下里，为清代传统砖木结构建筑，二进式院落，外院为小菜园，内院有水井，两院皆青石板铺地。正房为两层三开间二弄，双开木门，两边各有一樘雕花落地长窗。一层次间有雕花双开木窗，带下插式木窗闩，内为雕花木玻移窗，保存完好。正房带外廊，檐廊下的月梁、牛腿雕刻精美。两坡硬山，屋脊中间有凸起花饰。天井宽敞，水缸、石凳皆年代久远。现为杭州市历史建筑，编号（LSJZ3-65）。

马头墙

屋脊砖雕

浮雕水缸

石墩石柱

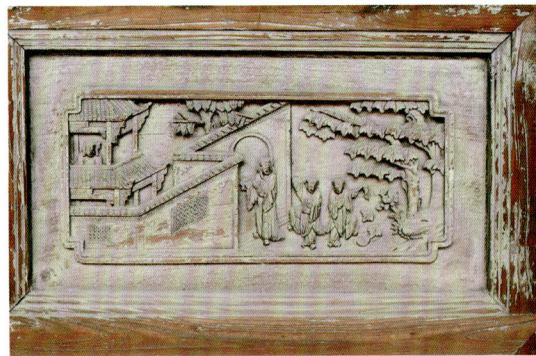

木雕窗花一

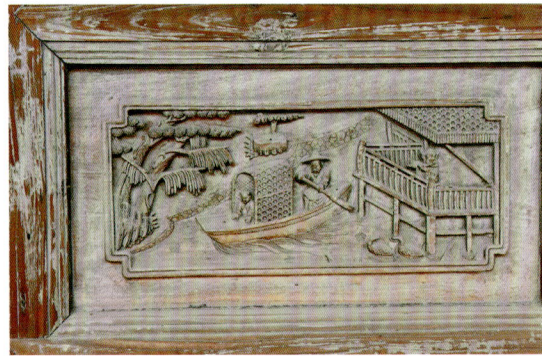

木雕窗花二

木雕鱼梁

牛腿雕饰

庭院一角

周二墙门

位于长河街道天官社区山下里21号。为长河商贾大户周氏后代老二所建，故称周二墙门。建于清代，砖木结构，传统民居。

宅院由南、北两个并列的三合院组成，中间以小屋相连。大墙门朝北，西面有三个入口，均为带青瓦门罩的中式石库门。北院两层三开间两弄，左右厢房各一层，牛腿、挂落雕饰精美。正房坐西朝东，两层木构，屋顶硬山造，覆小青瓦，脊端起翘。南院亦为两层三开间两弄，左右厢房各一层。整体建筑布局灵活，制作规整，为原萧山地区较典型的传统合院式民居。现为杭州市历史建筑，编号（LSJZ3-66）。

南北两院相连处

南宅庭院

主入口

中宪第之一

中宪第即中宪堂，长河"九厅十三堂"之一。位于长河街道天官社区西，天官第4号，传统砖木结构建筑。三合院，院落完整，建筑高大，五屏山墙，石砌墙门，石板铺地。正房坐西朝东，两层三开间两弄，有披无廊，檐下、牛腿均有木雕。左右厢房各一，落地长窗，门窗棂格采用纹样组织图案。2005年经过修缮。现为杭州市历史建筑，编号（LSJZ3-67）。

中宪第鸟瞰

院落规整

居之安

宅名出自《老子》"甘其食、美其服、安其居、乐其俗"。位于长河街道天官社区月湾潭19、20号，建于清代，为传统民居建筑。

整体平面呈东西短、南北长的矩形。由北、东南、西南三个院落组合而成。院内正厅坐西朝东，两层木构，屋顶硬山造，覆小青瓦，脊端起翘，面阔五间。建筑高大，围墙高深，有内外两层。主入口设于东院墙，次入口设于西院墙，有中式石库门，门楣上有"居之安"字样。正屋檐廊有鹤颈轩卷棚，下有雕花月梁，硬挑头有精美花饰，两侧为马头墙。当心间有三樘木雕花落地长窗，上有以动植物为题的雕刻。院落用青石板铺地，中间搭有一台阶。制作规整，正厅宏敞，围墙高峙，有明显的地域特征，是原萧山地区大型宅第的典型代表。现为杭州市历史建筑，编号（LSJZ3-68）。

历史建筑碑

西院墙次入口

入口通道

大夫第 5 号建筑

　　大夫第 5 号建筑，位于长河街道天官社区水沟沿头上，入口台门面临水沟沿路，台门上方有"西山朝爽"四字，下有石阶数级，人称"高踏步"。清末民初设过典当行，故又称"老当"。建于清代，为传统院落式民居，是长河地区清代宅第建筑的典型代表。建筑的主入口为西式券门，饶有特色。青瓦围墙，石板铺地。主体建筑两层三开间，青瓦盖顶，屏风山墙，方格槛窗。牛腿等木质构件及石雕都较有特色。现为杭州市历史建筑，编号（LSJZ4–38）。

台门 石阶

拱形券门

庭院布局

山下里 17、22、24、29 号建筑

位于长河街道天官社区山下里，光裕堂老台门东侧，建于清代。整体建筑分前后两部分：17、22、24 号建筑在前，坐北朝南，面对泽街，单层三开间；29 号居后。前后由天井相隔，围成院落，为典型前店后宅式民居布局。入口有石板踏步、条石门槛。西围墙处另设主入口，29 号即在此进出。整个院落青石板铺地，并有盆栽绿化。山墙马头，屋脊起翘；落地木门，木窗、雀替、牛腿构件均有纹饰。屋顶硬山造，覆小青瓦。该建筑为长河地区传统民居布局代表。现为杭州市历史建筑，编号（LSJZ4-39）。

29 号建筑出入口

前店后宅式布局，前为 17、22、24 号

光裕堂小厅

当地人称"大厅"，在光裕堂内。长河明代建筑"九厅十三堂"之一，为明万历三十二年（1604）进士，累官至礼部尚书、内阁大学士的来宗道所建，台门前曾悬"尚书第"匾。今残存木台门一座。

光裕堂小厅，包括光裕堂 13、14、14-1、15、16、17-1、18号民居，位于长河街道天官社区泽街（直街）。小厅原有二进，一进已毁，仅存基址。现存第二进建筑，坐西朝东，砖木结构。主楼高两层。面阔五间，进深六间，带前廊，硬山顶，覆小青瓦。厢楼高两层，面阔三间 10.6 米，进深 6.9 米，硬山顶，覆小青瓦。主楼与南厢房相交处用石库门相隔，形成相对独立的空间。

光裕堂 13 至 18 号民居为研究滨江区传统民居建筑的演变提供了实物例证，现为杭州市历史建筑，编号（LSJZ4-40）。

小厅全貌

光裕堂木台门

院落布局

小桥弄地方银行

位于长河街道天官社区小桥弄1号，在槐河西侧，有跨河小桥（新当桥）相接。建于清代，木结构民居。坐西朝东，两层五开间，青瓦白墙，川墙屏风，院落与河埠头直接相连。建有南北厢楼，均有石砌墙门，青石铺地。据记载，该建筑民国时期曾为银行，后为直管公房管理所。现为杭州市历史建筑，编号（LSJZ4-41）。

庭院一角

建筑临槐河而建

小桥弄 4 号建筑

小桥弄 4 号建筑，建于清代，位于长河街道天官社区山池东侧，为院落式木结构民居，共两进。因墙门入口与小桥弄有一定角度，故有歪墙门之称。建筑东西朝向，主入口为中式石库门，内院较为方正，北侧是小花园。主体建筑三开间，青瓦白墙，彩绘屏风山墙；月梁、牛腿、落地桩格木门窗雕刻精美，两层窗户用木格栅维护加以防盗。因无人居住，天井内杂草丛生，主房破败，急需整修。现为杭州市历史建筑，编号（LSJZ4-42）。

歪墙门

荒芜的院落

中宪第之四

中宪第之四位于长河街道天官第12号，建于明末清初，为三合院式木结构民居。建筑主入口为中式石库门，院落完整，宽大的天井以石板铺砌，院内有水井一口。主体建筑坐西朝东，青瓦屋顶，屏风山墙，花格木窗，牛腿、挑头雕刻精美。南北厢房各一，均为平房。现为杭州市历史建筑，编号（LSJZ4-43）。

院落一角

石板天井

水沟沿 78 号建筑

　　水沟沿 78 号建筑位于长河街道汤家桥社区，为清代传统木结构建筑。主入口有砖雕门楼，院落以青石板铺地，植大片水杉。正房三开间两层，小青瓦屋面，屋脊两端起翘，两扇屏风山墙，落地木门窗上雕饰花纹。1927—1928 年间，这里曾是中共地下党的秘密联络点之一。外墙上布满大大小小的洞眼，是当年日军扫荡时留下的弹孔，今仍保留，以此提醒人们勿忘历史。现为杭州市历史建筑，编号（LSJZ4-44）。

院落一瞥

布满弹孔的墙壁

源泰墙门

位于长河历史文化街区长杆池弄6、7号，建于清代，为四合院落式木结构民居。整组建筑由东西两个相对独立的院落组合而成，总入口设于两院间的北墙处，辟一樘石库门，西院北侧外墙下肩，有石壁削墙。院内正房共二进，北楼坐北朝南，南楼坐南朝北，面阔三间，屋顶硬山造，覆小青瓦。东院落为L形布局，正房坐西朝东，两层三开间，北置观音兜山墙，此种建筑形式，滨江地区少见。整组建筑牛腿、月梁上有精美雕刻，檐廊有鹤颈轩卷棚、雕花雀替。为原萧山地区较典型的传统合院式民居，地域特征明显，现为杭州市历史建筑，编号（LSJZ4-45）。

源泰墙门入口

公共天井

狮子墙门

月湾潭 12 号民居建筑

月湾潭 12 号位于长河街道天官社区东部月湾潭边，巷口置一道雕有"双狮戏球"的石构墙门，故称"狮子墙门"，建于清代。民居西院墙居中辟一道小门楼作为院落主入口。院中正房坐东朝西，一层木构，屋顶硬山造，覆小青瓦，面阔三间，明间梁架为九檩落七柱。后檐施雕饰精致的财神龛，前檐设单步廊。正房前檐南北两侧各带一层厢房，厢房面阔一间。该民居是原萧山地区较为典型的传统合院式民居。现为杭州市历史建筑，编号（LSJZ4–46）。

修缮一新的外墙

师工墙门

位于长河历史文化街区天官第1号，坐西朝东，三合院式木结构民居，建于清代。据其主人自述，祖辈为长河来天官（即明代天启年间吏部员外郎来方炜，乡人称之为"天官"）的厨师，故称"师工墙门"。该宅院南为花园，北为建筑，青瓦白墙，砖雕门楼。正房坐西朝东，两层三开间，双坡青瓦屋顶，屋脊起翘。左右厢房各一。中有天井，布局紧凑，木门窗、牛腿等构件雕刻精美。现为杭州市历史建筑，编号（LSJZ4-47）。

建筑鸟瞰

院内一角

来小钦故居（中宪第之二）

该建筑位于长河老街天官第2、3号，建于清末，是长河地区清代建筑的典型代表。坐西朝东，三合院式木结构民居。院落完整，天井宽敞，青石板铺地，现存古井一口。正房坐北朝南，五开间一层；东西两侧有三扇屏风式马头墙，屋顶有"泰山石"居于正中；厅堂三樘槅扇门，花格棂窗。三面围墙，主入口开东围墙一侧。

此建筑原主人来长泰，字肖卿（误为来小钦），清末庠贡生。五品衔候选巡政厅。民国后任临海县知事，调署黄岩县知事，改任浙江外海水警厅勤务督察长。肖卿、幼卿兄弟俩住长河中宪第内。现为杭州市历史建筑，编号（LSJZ4-48）。

门前通道

布局鸟瞰

院落内景

山下里 67 号建筑

　　山下里 67 号建筑，位于长河历史文化街区山下里，建于清代晚期，为传统木结构院落式民居建筑。此为一大院落建筑群，67 号仅为其中之一。从一夹弄进入，经过三道石库门到达院内，院落的入口为砖雕门楼，外侧书"居仁由义"，内侧书"俾尔戬穀"字样。主体建筑高大，五开间两层，小青瓦双坡屋顶，屋脊两端起翘，檐廊处设有三扇屏风式山墙。内部的槅扇门、花格窗雕刻精美。现为杭州市历史建筑，编号（LSJZ5-31）。

建筑鸟瞰

主入口石库门

建筑北临宝元池

下庄里建（构）筑物群

　　下庄里建（构）筑物群，位于长河街道长二社区下庄里，建于清末民初，为传统木结构院落的民居建筑群。东西布局，东侧为传统三进院落建筑，西侧为两层单体建筑。建筑群立面为条石墙基，屏风式外墙。西侧建筑入口为门罩式，青石门框，上书"垂裕后昆"。外墙窗户风格多样，一层为镂空花饰石窗，拱券式窗楣，二层为内凹八字窗。院落内石板铺地，木槅扇门窗。现为杭州市历史建筑，编号（LSJZ5-36）。

东建筑出入口

西建筑出入口

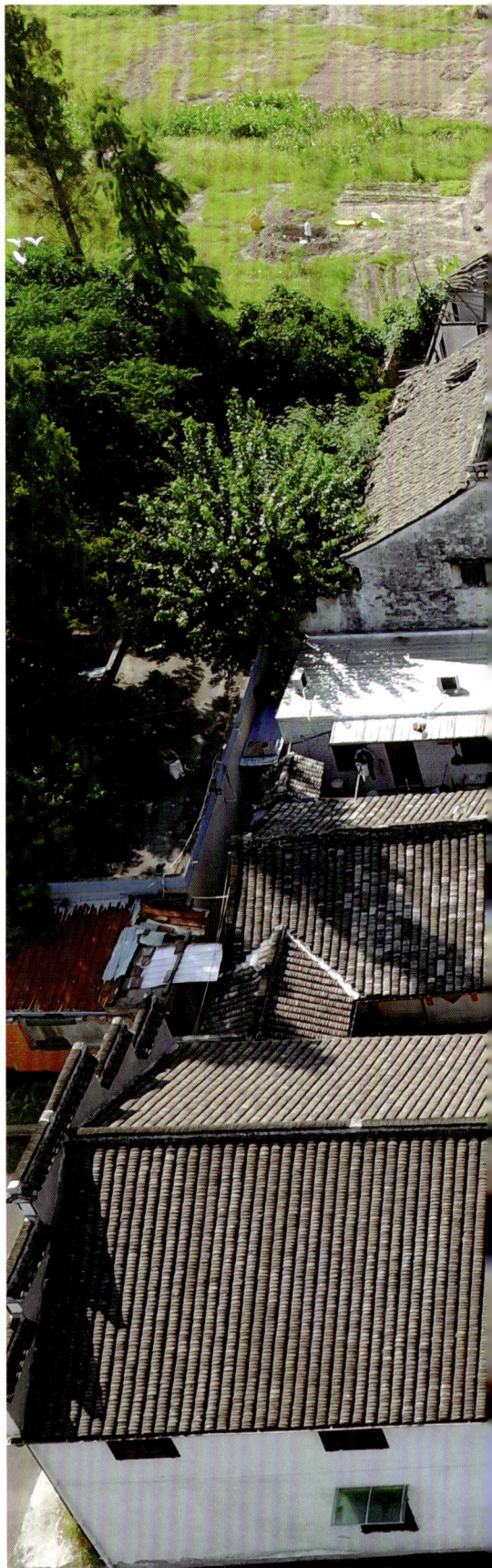

建筑群整体布局

河斗里 18 号建筑群

位于长河街道长二社区河斗里，建于清代晚期。为三合院式民居建筑，小青瓦双坡屋面，屏风式山墙，条石墙基，中式石库门。主体建筑坐北朝南，共三开间两层，东西为厢房。面向庭院处设有檐廊，木柱、牛腿均保存完好。现为杭州市历史建筑，编号（LSJZ5-37）。

建筑群东山墙

河斗里 9、10 号建筑群

位于长河街道长二社区河斗里，建于清代中晚期，现只保存台门和厢房。9 号原为轿房，两开间两层建筑，小青瓦双坡屋面，马头山墙。主入口为砖雕青石台门，门楣上书"视履考祥"，背面上书"其旋元吉"。10号原为厢房，外立面均改建。现为杭州市历史建筑，编号（LSJZ5-38）。

砖雕青石台门

木雕鱼梁牛腿

双庙前 23 号建筑群

位于长河街道长二社区双庙前，建于清代晚期，为三合院式民居建筑。户主为清代道光年间协办大学士、吏部尚书汤金钊后裔。

该建筑坐西北朝东南，入口为石库门，进内是天井，分南北两个院落，均为两层木结构，面阔三间，进深四间带廊，小青瓦，硬山造，双坡屋面，有高大的封火墙和条石墙基。主体建筑与北面院落以砖雕门楼进出。现仅存轿厅和后院落，格局完整，为典型的传统民居建筑。现为杭州市历史建筑，编号（LSJZ5-39）。

建筑外景

章家里 40 号建筑群

位于长河街道长二社区章家里，当地人称"大屋里"，建于清代中期。

建筑坐西北朝东南，原有正屋、小堂、柴屋三进。柴房拆毁，小堂东次间火毁。第一进建筑为四合院，一层三开间，石库门出入。主体建筑高两层，面阔七间，进深五间，前檐用轩廊，檐下牛腿雕刻精美。有东西两厢楼，三开间，高两层。院落及室内均用青石板铺地。整个建筑由高大的围墙围合。小青瓦双坡屋面。建筑内部落地槅扇门，木花格窗，月梁、牛腿等木构件雕刻精美。据房主后人介绍，该房始建时占地 6 亩余，建筑面积达 4000 余平方米，由先祖章峙望建造。《萧山蓝田章氏宗谱》载：章氏早年从富春迁来，先祖章峙望做生意赚了钱，见长河一带山水秀丽，于是择址蓝田庄，建房发族。该处建筑现由章氏 51 世孙章启承居住。现为杭州市历史建筑，编号（LSJZ5-40）。

封火墙

象鼻形斗拱

建筑群布局

石板庭院

代理浙江紹興府蕭山縣正堂加六級紀錄十二次倪

出示諭禁事據候選訓導章殿邦貢生章埈邦生員章兆珽監生章衡等呈稱本月十七日三更颶猛潮急塘身被水沖科深有丈餘潤有效丈並五聖堂邊火下圯坍詞缺伊等趕緊修築理應對導取土惟附近居民恃蠻阻撓叩請示禁籌情列縣據此稟除批示刻行出示諭禁為此仰該處居民父老人等知悉爾等滇取修築塘堤賣為保護民舍田廬起見所有土方倘應對塘取用毋得阻撓滋事倘敢故達許即措名稟縣以凜攄寬究為不姑寬各宜凜遵毋違特示

咸豐七年七月 縣示

咸豐年間石碑
（位于樹德堂側五圣堂內）

章家里"树德堂"祠堂

祠堂位于长河街道长二社区章家里，建于清代，是一幢一层木结构建筑。由两幢房屋叠加而成，石库门入口，青瓦双坡屋面。由门厅进入院内，有一木板屏风相隔，顶上立一匾额，上书"树德堂"三字。穿过院落，二进房屋内木柱、屋架保存完好，正面设有佛龛，是村里宗教祭祀的地方。现为杭州市历史建筑，编号（LSJZ6-48）。

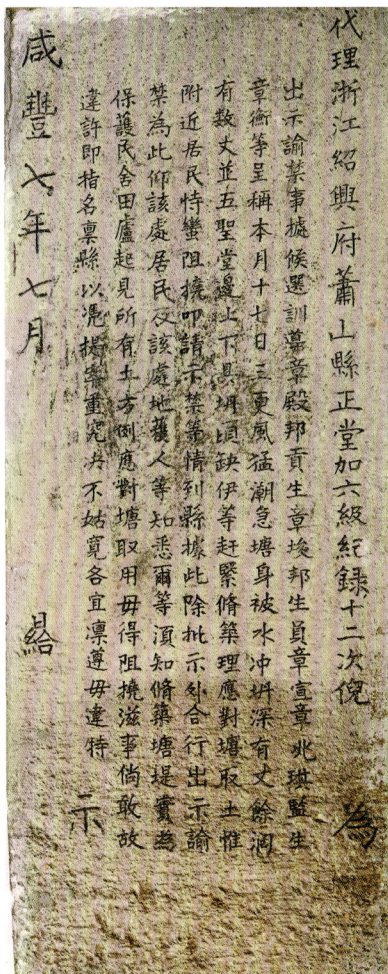

"树德堂"匾额

祠堂外观

浙江省历史文化街区

杭州市西兴老街历史文化街区和杭州市长河老街历史文化街区，于二〇〇五年五月由杭州市人民政府公布为杭州市历史文化街区；二〇一六年七月，浙江省人民政府公布为第五批省级历史文化街区。

杭州市西兴老街历史文化街区

西兴老街历史文化街区，东起板桥，西至铁岭关，全长约1500米，与浙东运河平行。河南称上大街，多商铺，市廛繁盛；河北称下大街，多过塘行，中转业发达。店铺以两层楼屋为主，前店后河，踏步接桥；下大街过塘行临河濒江，便于货物运输。建于明清时期的屋子桥、仓桥（已改建）、古资福桥等古桥横跨运河，小桥流水人家，白墙黛瓦街巷，是典型的江南水乡。

老街东接萧绍平原，北靠钱塘江，扼浙东干道要冲。2500年前，是连接吴、越两国古道的过江渡口，越大夫范蠡在此筑固陵城。西晋永康年间，运河开通，西兴是浙东运河的起点，成为过江转运的商业重镇。到了唐代，这里称"樟亭"，是"浙东唐诗之路的入口"，李白、杜甫、白居易，以至宋代王安石、苏轼、陆游等诗人文豪，都曾在此吊古赏景、观潮吟诗，史称"两浙往来一都会"。南宋定都临安（杭州），因漕运与贸易的需要，西兴是浙东货物转运的重要集散地，西兴运河是沟通江海的必经之路。康熙、乾隆帝都到过西兴。清末民初，西兴老街成为浙东地区著名的活水码头，"万商云集，市容繁华"，中转货物的过塘行就有70余家，拉客运输的黄包车500余辆，大小店铺近200家，一派鼎盛景象。

后来由于萧绍公路、杭江铁路、钱塘江大桥相继通车，浙东运河货、客运输日趋减少，过塘行门前冷落。1940年，日军侵占西兴，商店倒闭，浙东运河几近封航。抗战胜利后，随着运河功能的丧失，西兴商业雄风不再。

今天的西兴老街，淳朴的民风依旧。2005年5月，西兴列入"杭州市八大历史街区名录"，2016年7月，浙江省人民政府公布西兴老街为第五批省级历史文化街区。

西兴老街鸟瞰（局部）

杭州市长河老街历史文化街区

长河老街历史文化街区，有1000余年的乡镇建置史。北宋太平兴国三年（978），萧山县推行乡里制，西兴、长河就是建制乡，称"夏孝乡"，下辖八个里，长河街称"山泽里"，双庙街称"寺庄里"。

南宋建都杭州后，大批北方官宦望族随驾南迁，卜居长河，槐街、泽街商铺栉比，集市兴旺。到了明代，槐街、泽街街市格局基本形成，冠山周边蔬果、白马湖水产次第上市，一派江南水乡风貌。到了乾隆年间，街市更为繁盛，清人来起峻《长河八咏》诗云："泉甘土沃物争新，杨果朱樱橘品橙。十二桥头沽酒店，东西市上卖鱼声……"同治二年（1863），长河设镇，因境内有长河（槐河、泽河之总称），临街设市，故以河名镇。

历史上，长河老街是以来氏、汤氏聚族而居的血缘村落为基础发展而成的。这些宗族历史上出过许多官绅，他们或以科举入仕，成名后建豪宅，开店铺；或以小本起家，终成富商巨贾。这对促进老街的繁荣发展，也起到一定作用。

长河老街由泽街（直街）、槐街（横街）组成。泽街背靠泽河，东西走向，长约500米。槐街面对槐河，南北走向，长约400米。槐、泽两街相交于财神桥头。街宽2米，店面多为两层，或上寝下店，或前店后宅，砖木结构，建筑考究，素有"明清建筑大观园"之称。民国时期，商业空前发展，街上有来源远杂货店、仁号盐行、周源源南货店、纶昶茧行、龙泉园、第一楼、金乐园等店铺茶楼120余家。此外，还有汤天成银楼、新当、老当、地方银行等金融机构。抗战胜利后，长河烟叶业进入鼎盛时期，全镇有大小烟行50多家，年输出烟包5万余件（每件200市斤），沪杭客商称长河为"烟叶之乡"。

今天的长河老街，因商业中心外迁，街景冷清，然明清格局依旧。2005年5月，列入"杭州市历史街区名录"；2016年7月，由浙江省人民政府公布为第五批省级历史文化街区。

长河老街鸟瞰（局部）

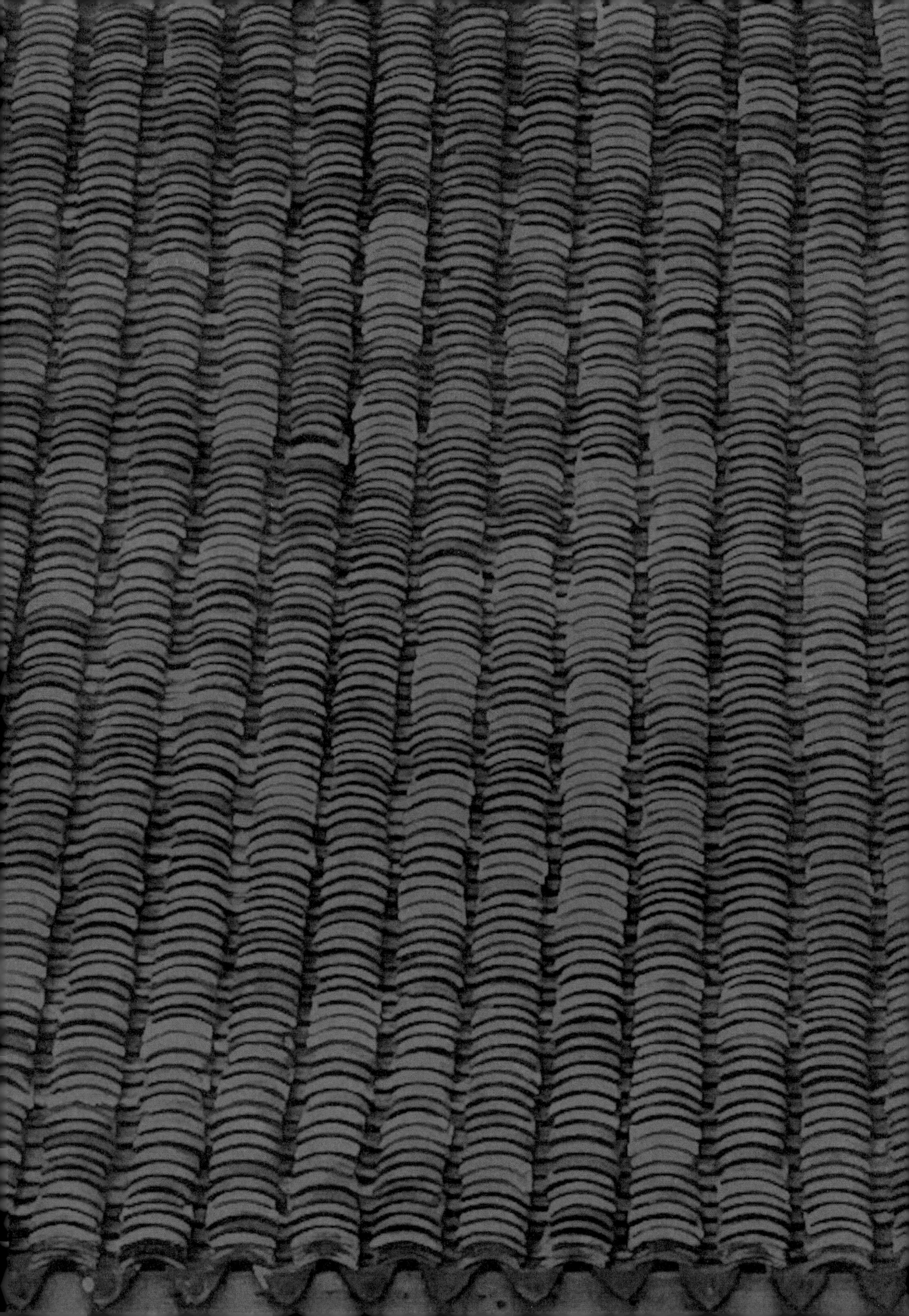

其他文物古迹

二〇一六年十二月，滨江区公布了第一批地名文化遗产保护名录，分别是西兴街道的六眼井、西兴驿、西兴过塘行码头、屋子桥、古资福桥和西兴街，以及长河街道的槐河、长河、泽街、阔板桥、长河农民协会旧址、冠山寺和天官第。除前已作介绍外，其余在此补记。

此外，尚未列入保护名录的还有西兴街道的大城隍庙遗址，铁岭关遗址、古仓桥和运河头井，以及长河街道的小桥弄六至七号民居、镇东桥、乳泉、汤家井，浦沿街道的泉井塘等。

大城隍庙遗址

　　西兴有大小两处城隍庙。大城隍庙，位于浙东运河之头，大运河西兴码头西侧的永兴闸上，坐西朝东，建造年代不详。该庙祭祀越大夫范蠡。范蠡，字少伯，春秋战国时楚国人，公元前511年入越，任越国大夫，受命于勾践，两次筑固陵（西兴）城，屯兵设防以拒吴军，故西兴尊范蠡为守护神。

　　大城隍庙面朝浙东运河，庙基下空，为永兴闸通运河处，临河竖石狮一对，石狮间有石板护栏，上镌"福泽长流"四字。

遗址前景象

慕名游客

其他 文物古迹

大城隍庙遗址

西兴驿遗址

西兴驿位于浙东运河南岸，今西兴街仓桥和屋子桥之间。旧时为邮政、公文传递和官员中转的驿站。吴越争霸时称固陵驿，唐时称樟亭或庄亭，五代后名西陵驿，宋名日边驿。相传春秋末年，越女西施在此整装，待诏入吴。明萧山知县邹鲁题"庄亭古迹"于其上。清康熙二十八年（1689）二月，清圣祖（康熙）去绍兴祭禹，回驾西兴驻跸于此。遗址曾有驿前码头和四柱三间石质牌坊。今仅存石柱数根。

2016年12月，列入滨江区第一批地名文化遗产保护名录。

樟亭遗存

铁岭关遗址

　　铁岭关又名铁陵关，位于西兴老街西端，吴越争霸时为固陵城唯一关隘，相传为春秋末期越国大夫范蠡所建。后梁乾化二年（912），吴越王钱镠重建西兴城和铁岭关，并增筑关上楼台，取名"玩江楼"，因关外有"玩江亭"而得名，后为大潮所毁。明弘治十年（1497），萧山县令邹鲁重建，改称"镇海楼"，隆庆年间（1567—1572）受潮水冲击又圮。万历十五年（1587），县令刘会重修，台增四尺，架楼三楹，廊柱皆石，楼顶前额书"浙东第一台"，拱门称"望京门"。气势雄伟，明人罗万化赞之为"东南第一关隘"。清末民初，钱塘江北移，江道渐离西兴，铁岭关逐渐荒废。20世纪60年代后被拆除，移作他用，今存基石二段。

铁岭关遗址基石

长 河

　　长河是槐河与泽河的合称。槐河北起龙潭头，经槐街，出财神桥，与泽河汇合，再经大河沿、月湾潭、孙家埭、汤家桥，出飞虹桥（现已拆除）汇入白马湖。长河是该镇（街道）主要河流，镇也因河而得名。明、清两朝，来氏望族所建私邸"九厅十三堂"多筑于此河两岸。

　　泽河，发源于山下里（现山下里至财神桥一段已湮灭），是长河街道境内历史最久的河流。北宋太平兴国三年（978），萧山县推行乡里制，西兴、长河称"夏孝乡"，下辖八个里，时长河称"山泽里"。山，即冠山；泽，就是泽河。故泽河是长河人民的母亲河，它与槐河汇合后，流向东南，注入白马湖。2016年12月，列入滨江区第一批地名文化遗产保护名录。

槐河泽河汇合处

槐 河

槐河是一条穿越长河历史的河流。北起龙潭头，流经槐街，出财神桥，与泽河汇合，再经大河沿、月湾潭、汤家桥，过飞虹桥（已拆除），注入白马湖，全长约 1.5 千米。因旧时沿河多植槐树而得名。明、清两朝，来氏望族在此河两岸建私邸，植槐树，以此提升家族声望，逐渐形成了独特的槐树文化。2016 年 12 月，列入滨江区第一批地名文化遗产保护名录。

槐河与老槐树

泽 河

天官第

　　第，旧时官员的大宅子。长河有尚书第、进士第、大夫第、天官第、中宪第、世科第等。

　　天官第位于长河街道天官社区，由明代天启年间吏部员外郎来方炜所建。来方炜，长河人，天启五年（1625）进士，初任福建候官县令，秉公执法，严查渔船走私。有奸商走私"藕丝万斤"，来方炜严厉查处，全部运至府衙，自己"一无所私"，百姓叫好。崇祯六年（1633），补嘉定令，时民苦于重役、漕赋和浮丁，来方炜上任不久，即"立均田、均徭役之法"，并废除运费，减少里供，努力减轻人民负担，民众一片歌颂之声。后晋升为吏部员外郎，任上革除积弊，刚正不阿，颇多政绩，人称"真吏部"，乡人称之"来天官"。其宅第"九厅十三堂"之一的世馨堂，乡人称之"天官第"，门前大道称为"天官路"，乡人因之引以自豪。2016年12月，列入滨江区第一批地名文化遗产保护名录。

天官第周边建筑群

小桥弄 6、7 号民居

位于长河街道天官社区小桥弄，民国时期建筑。

建筑为砖木结构，占地约 500 平方米。由内外两个院子组成，主入口正对小桥弄，通过夹弄进入外院。外院有平房一栋，砖木结构，坐西朝东，面阔四间，进深一间，明间梁架为抬梁式，五檩二柱。平房南北墙角有内河埠头两个，与山池用围墙相隔，靠近水面及水下的墙体为镂空石砌，此种建筑设计萧山地区罕见。

平房东面为内院，四合院形式，共二进。一进建筑三开间，坐南朝北。主入口设在一进建筑西墙，石库门。二进建筑坐北朝南，两层三开间，前廊、月梁、牛腿上有精美雕饰。一、二进之间有厢房，一层一开间。整个院落用材讲究，做工精细，布局因地制宜，是研究滨江地区传统民居建筑的重要实物例证。

内外院间通道

镂空石砌墙体

冠山寺

　　冠山寺建于南宋咸淳年间（1265—1274）。民国《萧山县志稿》载："冠山寺在冠山下，宋咸淳中建，旧名云岩寺，又名西隐庵。寺西有西方殿，今名送子殿，祈嗣甚灵，其前为雪心池。旧有雪心亭、三友轩。"冠山寺的开山鼻祖是净法禅师，宋咸淳元年（1265），净法禅师于冠山南麓筑草庐定居，开庭授经，起名"西隐庵"。三年后，始筑佛殿，改名"云岩寺"，后以山命名，改称"冠山寺"。

　　20世纪80年代起，由民间捐资重建，内有大雄宝殿、三圣宝殿、观音殿、祖师殿、药师殿、白马亭及雪心池等建筑，建筑面积约2000余平方米。1980年10月，立为"萧山县文物保护单位"。2016年12月，列入滨江区第一批地名文化遗产保护名录。寺内摩崖题刻于2013年12月立为杭州市文物保护单位。

新建天王殿

阔板桥

阔板桥，架在长河街道槐河上。明代万历三十二年（1604），由礼部尚书、内阁大学士来宗道所建。为单墩双孔石桥，桥墩用8块石板直插河中，顶置长石条以承桥面。桥长7米，宽3米，高2米余。桥建成后，成为百姓出入槐街的主要通道。

桥面原无扶栏，为确保安全，今加上石板扶栏。2016年12月，阔板桥被列入滨江区第一批地名文化遗产保护名录。

镇东桥

镇东桥，又名兴胜桥（现名北家桥），架于长河街道泽河上，为明代山东布政使司经历来端操所建。建于明万历乙酉年间（1585），重建于民国十六年（1927）。为石梁桥，通长7米，跨径4米，宽1.5米，是当时塘子堰、傅家峙、汤家桥等村民进出长河的主要通道。

桥梁西额刻"明万历乙酉冬创兴胜塔主人来端操建"，东额刻"民国十六年夏长河合镇绅商重修"字样。

仓桥

仓桥，又名官桥，在西兴街道西陵社区境内。单孔半圆形石拱桥，南接老街，北连官河路，今改建为固陵路跨河桥梁。仓桥两侧原是西兴最热闹地方。明万历《萧山县志》载："（仓桥）在西兴盐课司前，又曰官桥，邑人戴光建。"20世纪80年代，为发展经济，增筑道路，仓桥被改建为公路桥。现桥两岸的港埠仍保持原貌。

六眼井

　　六眼井原是西兴古驿站饮用的水井，当时，井水供驿站船夫、河工和过往官员饮用。此井下方为一口大井，上置六个井眼，故名六眼井，井深7米。今三井口已湮灭，尚余三眼，曾是附近居民饮用水源，现主要为居民洗涤之用。

　　2016年12月，六眼井被列入滨江区第一批地名文化遗产保护名录。

运河头井

　　在浙东运河之头，官河路大城隍庙故址后。开凿年代不详。井栏石内圆外方，为花岗岩。内径0.4米，边长0.5米，高0.35米。今仍能使用，附近居民作为洗涤用水。

汤家井

　　在长河街道汤家井社区，山坡上有两口古井，村因井而名。当地称山坡上井为"上顶头井"，山下井为"下顶头井"。井水为矿泉水质，村民作饮用水。开凿时间失考，村中老人反映，井建于明隆庆年间，当时随着来氏望族墓葬于此，护山守坟"坟亲"逐年增多，为解决饮水之困，开凿两井。村中戴姓、来姓居多，故当地又称上顶头井为"戴氏井"，山下井为"来氏井"。

　　现汤家井村整村拆迁，当地老百姓对井已作简单保护。

上顶头井

下顶头井

乳 泉

　　又名"冠山泉"，在冠山北麓，其水甘冽如乳，故名乳泉。明万历《萧山县志》载："冠山山形如冠，有泉甚甘。"泉四周由石板铺成，上树石碑，镌"乳泉"二字，据传为晋代王羲之手笔。泉深2米余，终年不盈不涸。水质极佳，为基岩裂隙水质，类矿泉水。民国廿三年（1934），长河大旱，白马湖干涸，田地龟裂，然乳泉仍有一泉清水，长河百姓才免受干涸之苦。现长河街道已作保护。

泉井塘

　　位于浦沿街道门前山北。井直径1.5米，深1米左右，开凿年代无考。该井独特，其形非泉、非井、非塘，然亦泉、亦井、亦塘，故名泉井塘。系门前山伏流泉眼。久旱不涸，久雨不溢，清澈甘冽，乡民多爱汲取烹茗、酿酒，名之为"虾涎"。现已作保护。

半爿山遗址

位于浦沿街道西南部，浦联社区境内，海拔 9.6 米，西临钱塘江。其脉与江北西天目山余脉相接，其脉伏江而过，江上可见只有半爿，故名。民国《萧山县志稿》载其成因："乾、嘉之际，半爿山外多灶地（盐场），江东徙，地尽削（坍入江中），山悬江岸。其脉东北行，为黄山、乾姜山。"《浦沿镇志》载："半爿山，位于镇西南，其山半爿伸入钱塘江中，可见的只有半爿，故名半爿山。"《浦联村志》载其地理位置意义："半爿山在海塘建筑史上居有重要地位，它既是西江塘南段（临浦与半爿山）与西江塘北段（半爿山至西兴）的连接点，又是南沙大堤的起点。"此外，明末清初时，钱塘江北移，南岸淤沙大涨，形成大片陆地，时称"南沙"。为利于煮盐和开垦，萧山县在此划分围垦地块，时称"南沙六围"。六围以半爿山为起点，自西向东称昌围、泰围、丰围、宁围、盈围、盛围。今滨江境内有昌、泰、丰三围。浦沿属昌围。

半爿山现貌

鸡鸣山遗址

　　鸡鸣山又名蜈蚣山，位于浦沿街道东南，海拔28米，在浦联社区境内。相传古时候山上有只金鸡生下18只小金鸡，黎明即啼，故名。

　　春秋末期，这里是钱塘江重要渡口，称"鸡鸣渡"，又称"鸡鸣墟"。公元前492年，越王勾践兵败，入吴为奴，就是从这里渡江北上的。东汉袁康、吴平《越绝书》卷八载有此段历史："勾践将降，西至浙江，待诏入吴，故有鸡鸣墟。"鸡鸣山曾为部队用地。

鸡鸣山现貌

作者于西兴官河留影

后 记

　　文物古迹、历史建筑是城市文脉传承和延续必不可少的载体，虽然它们大多会随岁月的变迁而消失或被替代，但其背后蕴藏的优秀传统、文化积淀将绵绵延续、传承发扬，这是文物保护的意义和价值所在。滨江自建区以来，投入了大量的财力、人力，对境内的文物古迹以前所未有的力度进行保护与修缮，全区文物古迹因而更加鲜活和光彩。

　　为了记录这些历史的遗存，保留珍贵的回忆，2017 年 8 月 6 日至 9 月 10 日，历时一个多月，我们肩背行囊，冒着酷暑，跑遍区内的街头巷尾，探寻文物古迹，走访遗老耆宿，了解背后的故事，拍摄了大量影像资料。我们从一千四百余张照片中遴选出二百余张，编撰了《文物古迹大观——杭州市滨江区各级文物保护单位名录》一书，努力把我们先祖和父辈们的遗存用影像和文字记载下来，让我们和我们的后人熟识滨江、热爱文物古迹，从而引发积极参与保护的乐趣。

　　本书编写中，参考了《西兴镇志》《长河镇志》《杭州市区文物保护单位图录》《杭州古民居》《西兴史迹寻踪》《古镇图说》等著作；以及浙江省文物局网站、杭州市住保房管网等公布的资料，同时得到了滨江区住建局和友人的指导帮助，对此表示深切的感谢。

　　因我们在历史、建筑艺术等方面的学养有限，文字诠释中引用的史料或其他资料难免有不够准确、恰当，甚至错谬之处，冀望读者朋友不吝赐教。

来小钦　余林龙

2018 年 5 月